La puissance du sang

Le sang de Jésus

DAG HEWARD-MILLS

Parchment House

Copyright © 2014 Dag Heward-Mills

Titre original : **Blood Power**
Publié pour la première fois en 2014
par Parchment House

Version française publiée pour la première fois en 2014
par Parchment House

Traduit par : Professional Translations
8ième impression en 2018

Pour savoir plus sur Dag Heward-Mills

Campagne Jésus qui guérit
Écrivez à : evangelist@daghewardmills.org
Site web : www.daghewardmills.org
Facebook : Dag Heward-Mills
Twitter : @DagHewardMills

ISBN : 978-1-61395-490-4

Table des matières

CHAPITRE 1

Les paroles et le sang
de Jésus Christ

Il y a beaucoup de choses à apprendre de Jésus-Christ. Il y a beaucoup de choses que nous pouvons étudier sur Jésus-Christ ! Nous pourrions étudier sa vie, sa famille, ses accomplissements, son ministère, ses voyages, ses objectifs et son style de leadership. Mais les deux choses les plus importantes au sujet de Jésus-Christ sont Ses paroles et Son sang.

Paroles précieuses

Les paroles de Jésus sont importantes parce qu'elles nous enseignent les vérités et la sagesse de Dieu.

Il suffit de placer les paroles de Jésus au-dessus de tous les mots humains. Aujourd'hui, les paroles de Jésus sont séparées du reste des Écritures par de l'encre rouge.

Autrefois, les belles paroles du Christ étaient entremêlées avec le reste des Écritures. Les Bibles modernes attribuent l'honneur mérité aux paroles de Jésus. Dans les Bibles aux lettres rouges, les paroles de Jésus sont placées dans une catégorie à part ; une catégorie sans égal.

À l'étape de la Réforme de l'Eglise, les hommes se sont concentrés sur l'œuvre de Christ au Calvaire. Précédemment, la personne du Christ était le centre d'attention. Quelques années plus tard, les détails de *sa vie terrestre*, de la crèche à la croix, sont devenus le sujet à d'étude intense. Aujourd'hui, nous devons également mettre l'accent sur le sang de Jésus-Christ.

Heureusement, la valeur unique du sang de Jésus est reconnue aujourd'hui. On attribue au sang de Jésus la distinction qu'il mérite.

Sang Précieux

Nos péchés ne peuvent pas être effacés par les paroles de Jésus. Nous avons besoin du sang de Jésus pour nous laver de notre état de misère et de péché, afin que nos noms puissent être inscrits dans le Livre de Vie. Peu importe combien Jésus ait parlé, prêché et enseigné, il se devait cependant de nous sauver par la puissance de Son sang. Sans effusion de sang il n'y a pas de pardon des péchés ! Il fallait une effusion de sang, pour que nos péchés soient pardonnés.

Qui va payer pour nos péchés ?

Il est vrai que la prédication et la sagesse de Dieu se trouvent dans les enseignements de Jésus-Christ. Mais qui va payer pour nos péchés ? Qui va payer le prix pour que nous échappions à l'enfer ? Nous sommes rachetés par le sang de Jésus-Christ. Nous avons été rachetés non par les paroles de Jésus, mais par Son sang. Nous avons été rachetés non par le sang des taureaux et des boucs, mais par le sang de Jésus.

Cessez de prêcher et laissez le sang couler

Pourquoi Jésus-Christ a-t-il cessé de prêcher à l'âge de trente-trois ans et s'est rendu sur la croix ? Pourquoi n'a-t-il pas poursuivi sa mission de prêcher et d'enseigner la parole de Dieu dans d'autres pays ? Ne pouvait t-il pas aller en Syrie, au Liban, en Angleterre, en Allemagne, en Irak, en Perse, en Inde et en Afrique ? Certes, il aurait pu ! Il n'était âgé que de trente-trois ans lorsqu'il a donné sa vie sur la croix. S'il avait vécu quarante ans de plus, ou peut-être jusqu'à l'âge de quatre-vingts ans, il aurait pu parcourir le monde entier.

Lorsque j'ai visité Chennai en Inde, j'ai trouvé une église qui avait été construite en mémoire de saint Thomas, l'incrédule. Thomas était l'un des douze apôtres de Jésus-Christ. Apparemment, Thomas l'apôtre avait voyagé en Inde et y avait prêché. Il y fut martyrisé et l'église a été construite en son honneur. Si Thomas, qui a vécu et marché avec Jésus, a pu se rendre en Inde alors Jésus lui-même aurait pu se rendre en Inde. Il était tout à fait possible pour Jésus-Christ de voyager partout dans le monde, et de prêcher l'Évangile du Royaume de Dieu.

Jésus Christ s'est arrêté soudainement de prêcher et s'est dirigé vers Jérusalem, où il savait qu'il serait capturé, torturé et assassiné. Jésus a dit : « Personne ne me l'ôte (la vie) mais je la donne de moi-même. » Pourquoi Jésus a-t-il fait cela ? Pensait-il raisonnablement ?

Pourquoi la Croix ?

Pourquoi Jésus s'est-il volontairement et consciemment rendu à l'endroit de sa crucifixion où les mauvais hommes lui donneraient la mort ? C'est de cette façon que Jésus a permis que Son sang soit versé pour les péchés de l'humanité. Si Jésus n'avait pas versé Son sang pour nous, Son ministère aurait duré jusqu'à ce que Son message eût disparu. Aujourd'hui, la puissance du sang versé de Jésus est toujours à l'œuvre. Il atteint la vallée la plus basse et la montagne la plus haute de notre monde. La puissance du Salut de Dieu est libérée même deux mille ans après la mort de Jésus-Christ à cause du sang de Jésus. Voilà pourquoi le sang de Jésus est important.

Les Paroles de Jésus

Nous ne saurions pas que Jésus est le chemin, la vérité et la vie s'il n'avait pas prononcé ces paroles célèbres. Le salut ne nous serait pas parvenu, si Jésus ne nous avait pas dit que Dieu a tant aimé le monde, qu'il a donné Son Fils unique, afin que quiconque croit en lui ne périsse point, mais qu'il ait la vie éternelle. Et que Dieu n'a pas envoyé Son Fils dans le monde pour juger le monde, mais pour que le monde soit sauvé par lui.

Même si nous sommes lavés par le sang de Jésus, notre connaissance de Dieu et notre connaissance du chemin vers le salut passent par les célèbres paroles de Jésus. C'est Jésus qui a dit : « le voleur ne vient que pour dérober, égorger et détruire ; moi, je suis venu afin que les brebis aient la vie et qu'elles soient dans abondance. » Nous n'aurions pas su où aller et quoi faire si Jésus n'avait pas dit : « Venez à moi, vous tous qui êtes fatigués et chargés, et je vous donnerai du repos. Prenez mon joug sur vous et recevez mes instructions, car je suis doux et humble de cœur, et vous trouverez du repos pour vos âmes. » C'est grâce à la gamme complète du sang de Jésus et des paroles de Jésus que le salut est parvenu aux hommes.

Les paroles de Jésus sont importantes parce qu'elles nous font comprendre le salut et nous rendent sages. Mais son sang est encore plus important parce que nous ne sommes pas sauvés quand nous sommes sages ! Nous ne sommes pas sauvés lorsque nous comprenons les choses et comprenons la sagesse de Dieu. Nous sommes sauvés quand nos péchés sont lavés par le sang de Jésus.

CHAPITRE 2

Pourquoi le sang de Jésus est du sang précieux

Sachant que ce n'est pas par des CHOSES PERISSABLES, par DE L'ARGENT OU DE L'OR, que vous avez été rachetés de la vaine manière de vivre que vous avez héritée de vos pères, mais par LE SANG PRECIEUX DE CHRIST, comme d'un agneau sans défaut et sans tache.

1 Pierre 1:18-19

Mais Christ est venu comme souverain sacrificateur des biens à venir ; il a traversé le tabernacle plus grand et plus parfait, qui n'est pas construit de main d'homme, c'est-à-dire, qui n'est pas de cette création ; et il est entré une fois pour toutes dans le lieu très saint, non avec le sang des boucs et des veaux, mais avec son propre sang, ayant obtenu une rédemption éternelle. Car si LE SANG DES TAUREAUX ET DES BOUCS, et la cendre d'une vache, répandue sur ceux qui sont souillés, sanctifient et procurent la pureté de la chair, combien plus LE SANG DE CHRIST, qui, par un esprit éternel, s'est offert lui-même sans tache à Dieu, purifiera-t-il votre conscience des œuvres mortes, afin que vous serviez le Dieu vivant !

Hébreux 9:11-14

Le sang de Jésus est précieux, parce qu'il est supérieur à tous les autres types de sang. La Bible parle de nombreux autres types de sang. Mais aucun d'entre eux ne possède les pouvoirs pour sauver, guérir ou de libérer le monde. Avez-vous déjà entendu parler d'une personne dont le sang est capable d'effacer les péchés ? Jamais ! Rien ne peut effacer nos péchés, à part le sang de Jésus-Christ. Notez les différents types de sang dont parle la Bible. Aucun de ceux-ci ne peut se comparer au sang de Jésus-Christ, l'Agneau de Dieu qui enlève les péchés du monde entier.

Le sang d'autres personnes peut avoir un message et peut avoir un certain pouvoir. Le sang d'Abel, par exemple, a parlé d'assassinat et a crié vengeance. Et Jésus qui est le médiateur de la nouvelle alliance, et du sang de l'aspersion qui parle mieux que celui d'Abel (Hébreux 12:24). Mais le sang de Jésus parlait de choses meilleures et avait un bien plus grand pouvoir.

Le sang des saints et des prophètes appelle à la peine à infliger à ceux qui ne craignent pas Dieu (Apocalypse 16: 6). Le sang des taureaux et des boucs est le sang qui ne peut apporter le pardon (Hébreux 10: 4).

Verser le sang des enfants d'Israël se traduira probablement par une sorte de punition de Dieu. Verser le sang des martyrs, des saints et des prophètes s'accompagnera aussi de son propre jugement spécifique. Le sang des saints, des prophètes et des martyrs a une certaine importance. Mais seul le sang de Jésus peut vous sauver de vos péchés. C'est pour cela que ce livre est entièrement consacré au sang de Jésus-Christ et non au sang d'autres personnes.

Autres types de sang qui ne peuvent sauver personne

1. Le sang d'Abel

Afin que retombe sur vous tout le sang innocent répandu sur la terre, depuis LE SANG D'ABEL le juste ... que vous avez tué entre le temple et l'autel.

Matthieu 23:35

2.   Le sang des saints et des prophètes

Car ils ont versé LE SANG DES SAINTS ET DES PROPHETES, et tu leur as donné du sang à boire ; ils en sont dignes.

Apocalypse 16: 6

3.   Le sang des taureaux et des boucs

Car il est impossible que LE SANG DES TAUREAUX ET DES BOUCS ôte les péchés.

Hébreux 10: 4

4.   Le sang des martyrs

Et je vis cette femme ivre du sang des saints et DU SANG DES TEMOINS de Jésus. Et, en la voyant, je fus saisi d'un grand étonnement.

Apocalypse 17: 6

5.   Le sang des serviteurs

Nations, chantez les louanges de son peuple ! Car l'Éternel venge LE SANG DE SES SERVITEURS, Il se venge de ses adversaires, Et il fait l'expiation pour son pays, pour son peuple.

Deutéronome 32:43

6.   Le sang des princes

Vous mangerez la chair des héros, Et vous boirez LE SANG DES PRINCES de la terre, Béliers, agneaux, boucs, taureaux engraissés sur le Basan.

Ézéchiel 39:18

7.   Le sang des enfants d'Israël

Parce que tu avais une haine éternelle, Parce que tu as précipité par le glaive LES ENFANTS D'ISRAËL, Au jour de leur détresse, Au temps où l'iniquité était à son terme,

Ezéchiel 35: 5

8. Le sang de Zacharie

Afin que retombe sur vous tout le sang innocent répandu sur la terre, depuis le sang d'Abel le juste jusqu'au SANG DE ZACHARIE de Zacharie, fils de Barachie, que vous avez tué entre le temple et l'autel.

Matthieu 23:35

9. Le sang des innocents

Ils m'ont abandonné, ils ont profané ce lieu, Ils y ont offert de l'encens à d'autres dieux, Que ne connaissaient ni eux, ni leurs pères, ni les rois de Juda, Et ils ont rempli ce lieu de SANG INNOCENT

Jérémie 19: 4

10. Le sang dont parle le juste

Voilà le fruit des péchés de ses prophètes, Des iniquités de ses sacrificateurs, Qui ont répandu dans son sein LE SANG DES JUSTES !

Lamentations 4:13

11. Le sang des méchants

Le juste sera dans la joie, à la vue de la vengeance ; Il baignera ses pieds dans LE SANG DES MECHANTS.

Psaumes 58:10

12. Le sang de la guerre

Tu sais ce que m'a fait Joab, fils de Tseruja, ce qu'il a fait à deux chefs de l'armée d'Israël, à Abner, fils de Ner, et à Amassa, fils de Jéther. Il les a tués ; il a versé pendant la paix le sang de la guerre, et il a mis LE SANG DE LA GUERRE sur la ceinture qu'il avait aux reins et sur la chaussure qu'il avait aux pieds.

1 Rois 2: 5

13. Le sang de Naboth

Tu lui diras : Ainsi parle L'ETERNEL : N'es-tu pas un assassin et un voleur ? Et tu lui diras : Ainsi parle L'ETERNEL : Au lieu même où les chiens ont léché LE SANG DE NABOTH sang de Naboth, les chiens lécheront aussi ton propre sang.

1 Rois 21:19

J'ai vu hier LE SANG DE NABOTH set le sang de ses fils, dit L'ETERNEL, et je te rendrai la pareille dans ce champ même, dit L'ETERNEL ! Prends-le donc, et jette-le dans le champ, selon la parole de L'ETERNEL.

2 Rois 9:26

14. Le sang du bouc émissaire

Et il ira vers l'autel qui est devant L'ETERNEL, et il fera l'expiation pour l'autel ; et il prendra du sang du taureau, et du SANG DU BOUC, et le mettra sur les cornes de l'autel tout autour. Et il fera avec son doigt sept fois l'aspersion du sang sur l'autel, et il le purifiera et le sanctifiera, à cause des impuretés des enfants d'Israël. Lorsqu'il aura achevé de faire l'expiation pour le sanctuaire, pour la tente d'assignation, et pour l'autel, il fera approcher le bouc vivant : Aaron posera ses deux mains sur la tête du bouc vivant, et il confessera sur lui toutes les iniquités des enfants d'Israël et toutes les transgressions par lesquelles ils ont péché ; il les mettra sur la tête du bouc, puis il le chassera dans le désert, à l'aide d'un homme qui aura cette charge : Le bouc emportera sur lui toutes leurs iniquités dans une terre désolée, il sera chassé dans le désert.

Lévitique 16:18-22

15. Le sang d'Abner - le prix pour le trône de David

David l'apprit ensuite, et il dit : Je suis à jamais innocent, devant L'ETERNEL, du SANG D'ABNER, fils de Ner, et mon royaume l'est aussi.

2 Samuel 3:28

CHAPITRE 3

Comment le sang de Jésus a acquis son importance

1. **Dieu a révélé l'importance du sang par le prophète Moïse et par conséquent ordonné que le sang ne soit pas consommé.**

Car l'âme de la chair est dans le sang. Je vous l'ai donné sur l'autel, afin qu'il servît d'expiation pour vos âmes, car c'est par l'âme que le sang fait l'expiation. C'est pourquoi j'ai dit aux enfants d'Israël : PERSONNE D'ENTRE VOUS NE MANGERA DU SANG.

Lévitique 17: 11-12

La génération qui a vécu à l'époque de Moïse n'aurait pas connu l'importance du sang. Peut-être pensaient-ils que c'était le cœur, le cerveau ou les reins qui étaient importants. Mais grâce à l'enseignement de Moïse, ils ont appris que la vie d'une personne se trouve dans son sang. Toutes les autres parties du corps pouvaient être consommées, mais le sang ne devait pas être mangé parce qu'il représentait une vie.

2. **Bien avant que la science médicale ne l'ait découvert, Moïse nous a enseigné que le sang d'une personne contient sa vie.**

Car l'âme de la chair est dans le sang : ...

Lévitique 17:11

Aujourd'hui, nous savons que le sang transporte la vie dans toutes les parties du corps. Moïse ne pouvait pas savoir cela grâce à la science médicale. Il savait ce que Dieu lui avait révélé. La vie est dans le sang !

La course pour le sang

Une nuit, j'étais de service au service des urgences quand un jeune homme fut transporté à l'hôpital. Ce monsieur avait un problème inhabituel car il vomissait du sang de façon incontrôlable. Il vomit et vomit toute la nuit. Chaque fois qu'il vomissait, il y avait du sang rouge vif. Il ne vomissait pas de nourriture. Son estomac était vide et ne déversait que du sang pur. À deux heures du matin, son état commença à se détériorer parce qu'il avait perdu tant de sang.

J'ai fait des allers-retours à la banque de sang ce soir-là, pour aller chercher du sang pour cet homme. J'essayais de le ramener d'entre les morts. C'était une course pour la vie. Le lendemain matin l'espace autour de son lit était couvert de sang rouge vif parce qu'il avait vomi tout autour de lui toute la nuit. C'est triste à dire, à la fin nous n'avons pas pu l'empêcher d'aller au tombeau parce qu'il avait expulsé plus de sang que nous n'étions en mesure de remplacer.

La course ce soir là fut une course pour obtenir autant de sang que possible pour cet homme et aussi rapidement que possible.

Seul le sang peut empêcher l'homme de mourir et d'aller à la tombe.

Et ainsi, la course d'aujourd'hui est la course pour amener le sang de Jésus à autant d'endroits que possible aussi rapidement que possible.

3.   Comme le sang contient la vie d'une personne, il représente sa vie-même.

Car l'âme de toute chair, c'est son sang, qui est en elle...

Lévitique 17:14

Si tout votre sang devait s'écouler, vous aurez probablement un bol de sang. Un bol de sang humain représente donc une vie humaine. Un bol de sang de chèvre représente la vie de la chèvre. Un bol de sang d'éléphant représente la vie de l'éléphant. Le bol du sang de Jésus qui coulait sur la croix représentait donc la vie du Fils de Dieu. Il a donné sa vie et nous l'avons vu lorsque Son sang a coulé. C'est ce que nous entendons lorsque nous disons que Jésus-Christ a donné Sa vie pour nous. Cela signifiait qu'il a donné Son sang ! Donner votre vie c'est donner votre sang ! Donner votre sang c'est donner votre vie !

4.   Le sang a été choisi par Dieu comme la seule chose qui peut être offerte pour apaiser et pour expier le péché.

Car l'âme de la chair est dans le sang. JE VOUS L'AI DONNÉ SUR L'AUTEL, AFIN QU'IL SERVÎT D'EXPIATION POUR VOS ÂMES...

Lévitique 17:11

5.   Le Nouveau Testament confirme que seul le « sang » peut vous sauver.

Et presque tout, d'après la loi, est purifié avec du sang ; et sans effusion de sang il n'y a pas de rémission.

Hébreux 9:22

Ainsi, cette grande vérité à propos de la vie dans le sang, révélée à Moïse, a été transmise à Paul et l'Eglise du Nouveau Testament. L'apôtre Paul affirme très clairement que sans effusion de sang (sans le don de la vie) personne ne peut être sauvé. Vous devez donner une vie pour avoir une vie. Vous devez verser le sang pour sauver des vies et les racheter.

Qu'est-ce qui peut effacer les taches ?

Il y a plusieurs années, ma mère m'a montré quelque chose que je n'ai jamais oublié. Elle prit une des chemises de mon père et me montra une tache dessus.

« Sais-tu ce que sont ces taches ? Ce sont des taches d'eau de noix de coco. Ton père aime tellement la noix de coco et il a toujours bu l'eau de noix de coco. »

Dit-elle : « Alors, beaucoup de ses chemises sont tâchées de cette eau de noix de coco et je ne peux pas m'en débarrasser. »

Elle expliqua : « Je peux tout laver avec du savon. Je peux laver l'huile de palme, la saleté, le chocolat, le thé, le café, le ragoût, la soupe, le dentifrice, mais je ne peux pas laver les taches de noix de coco. »

« Wow ! » dis-je, « je ne savais pas que les taches de noix de coco étaient si difficiles à enlever. »

En effet, le savon de Marseille, Omo, Ariel, le savon Sunlight, Lux, Mon Savon, Le Chat n'étaient pas en mesure de laver les taches de noix de coco.

« Alors, qu'est-ce qui peut laver les taches de noix de coco ? »

« Rien », dit-elle.

Chaque fois que je pense à la tache de noix de coco je pense de la tache du péché.

Je me demande, « Qu'est-ce qui peut effacer nos péchés ? Qu'est-ce qui peut effacer nos mensonges, nos vols, notre fornication et nos meurtres ? » Rien ne peut vraiment effacer ce que nous avons fait dans le passé. Seul le sang de Jésus. La Parole de Dieu nous enseigne que le sang de Jésus à le pouvoir de laver la tache de nos péchés passés.

Seul le sang de Jésus peut effacer nos péchés. Seulement le Sang de Jésus !

Seul le sang de Jésus a le pouvoir de laver ces terribles taches.

CHAPITRE 4

Comment le sang de Jésus a réalisé le plus grand miracle

Le plus grand miracle est le miracle du salut.

COMMENT ÉCHAPPERONS-NOUS EN NÉGLIGEANT UN SI GRAND SALUT, qui, annoncé d'abord par le Seigneur, nous a été confirmé par ceux qui l'ont entendu

Hébreux 2: 3

L e salut est le plus grand miracle, car c'est une combinaison de sept expériences merveilleuses. Chacune de ces expériences est un événement extraordinaire et incroyable. Les sept expériences de salut sont claires. Elles sont toutes des miracles fantastiques qui ne pourraient pas se produire naturellement.

Sept expériences du salut

a. Le salut implique que vous êtes pardonné.

b. Le salut implique que la trace de vos péchés est effacée.

c. Le salut implique que vous êtes aimé tels que vous êtes.

d. Le salut implique votre sortie de prison et de votre captivité.

e. Le salut implique qu'il y a une lumière qui brille dans vos ténèbres.

f. Le salut implique que vous irez au Ciel.

g. Le salut implique que vous apprendrez à connaître Jésus-Christ.

1. **Le salut est le plus grand miracle parce que c'est un miracle qu'une personne soit pardonnée.**

Venez et plaidons ! dit l'Éternel. Si vos péchés sont comme le cramoisi, ils deviendront blancs comme la neige ; S'ils sont rouges comme la pourpre, ils deviendront comme la laine.

Esaïe 1:18

Un jour un homme rentra chez lui et trouva sa femme au lit avec un autre homme. Il se mit très en colère contre sa femme. Quand il signala cela aux pasteurs, ils s'attendirent tous à ce qu'il divorce de sa femme. Au grand étonnement de tous, il ne répudia pas sa femme mais lui pardonna tout en la mettant en garde de ne plus jamais recommencer. Ce fut une grande surprise pour toute la famille de l'église. C'était en effet un grand miracle que le mari pardonne à sa femme, même après l'avoir attrapée en flagrant délit. Cette femme a connu le miracle du pardon de son mari. C'est le miracle qui transforme une chose rouge comme l'écarlate en une chose blanche comme neige.

2.   Le salut est le plus grand miracle, car c'est toujours un miracle que vos péchés soient effacés.

> Venez et plaidons ! dit l'Éternel. Si vos péchés sont comme le cramoisi, ils deviendront blancs comme la neige ; S'ils sont rouges comme la pourpre, ils deviendront comme la laine.

Esaïe 1:18

Le Ciel est un endroit où il n'y a plus de registres de vos échecs et de vos erreurs. Lorsque vous êtes pardonné et que l'historique de vos péchés est effacé, c'est comme si vous n'aviez jamais péché. Dans notre monde aujourd'hui, les traces de toute activité criminelle commis dans le passé ne sont jamais effacées. Si vous commettez un péché, il reste permanemment enregistré sur l'internet. Les êtres humains décident de ne jamais oublier ce que vous avez fait. Aujourd'hui, il y a un mouvement qui se bat pour le droit à l'oubli. Grâce au droit à l'oubli, ils demandent que les dossiers de certaines choses soient retirés de l'internet. NOUS ne nous battons pas pour le droit à l'oubli par le sang des Jésus ! Nous recevons le pardon et les registres sont effacés avec miséricorde.

Quand vous avez été un criminel, il y a toujours des dossiers à remplir qui font apparaître vos péchés et erreurs du passé. C'est effectivement une grande bénédiction de voir ses péchés effacés et les dossiers changés à jamais. Par le sang des Jésus, vos péchés seront lavés et s'ils étaient rouges comme la pourpre, ils deviennent blancs comme la laine. Il n'y a plus de dossier.

3. Le salut est le plus grand miracle, car c'est toujours un miracle lorsqu'une personne aime une autre personne qui a beaucoup de problèmes.

Mais Dieu prouve son amour envers nous, en ce que, lorsque nous étions encore des pécheurs, Christ est mort pour nous.

Romains 5: 8

Dans notre monde d'aujourd'hui, c'est un miracle que quelqu'un souffrant de sérieuses malformations trouve un conjoint. Une fois, j'ai vu un homme qui était tombé amoureux d'une femme infirme. C'était un miracle parce qu'elle ne pouvait rien faire pour subvenir à ses propres besoins. Pourquoi voudrait-on épouser une personne avec de telles malformations et des handicaps si évidents ? C'est la question que vous devez poser à Jésus-Christ. Pourquoi ?

Pourquoi viendrait-Il vers nous, et désirerait-Il même être proche de personnes ayant des défauts si complexes ? Mais Dieu a démontré Son amour envers nous en réalisant le plus grand des miracles : Le Salut ! Alors que nous ne sommes que des pécheurs, remplis de mal, remplis de méchanceté et remplis de défauts, Il nous aime. C'est le plus grand miracle ! Le salut de méchants pécheurs !

4. Le salut est le plus grand miracle, car il c'est toujours un miracle qu'une personne soit libérée de prison.

L'Esprit du Seigneur est sur moi, Parce qu'il m'a oint pour annoncer une bonne nouvelle aux pauvres ; Il m'a envoyé pour guérir ceux qui ont le cœur brisé. Pour proclamer aux captifs la délivrance, Et aux aveugles le recouvrement de la vue, Pour renvoyer libres les opprimés

Luc 4:18

Un jour, j'"ai rencontré un prisonnier qui a touché mon cœur. Cet homme était un meurtrier. Il était en prison à vie parce qu'il avait tué son propre fils. Sa vie pleine de ferveur, de zèle et de prière m'avait tellement touché que j'avais voulu qu'on le libère

17

de prison. J'avais beau essayé, je ne pouvais pas trouver une façon de le faire sortir de prison. Les portes de la prison étaient bien gardées et il y avait des soldats armés partout, j'éliminais vite l'idée de l'aider à s'échapper.

J'ai pensé à obtenir une grâce présidentielle pour cet homme. Mais je ne connaissais pas le président, et ne connaissais personne qui connaissait le président. En quittant la prison ce jour-là, j'ai regardé ce prisonnier en prière et me suis dit, « Il faudra un miracle pour vous faire sortir d'ici. »

En effet, il faudra un miracle pour que les âmes de ce monde sortent de prison. Être sauvé, c'est être libéré de la captivité. Aujourd'hui, si le salut est venu à vous, c'est que le grand miracle d'être libéré de prison a été réalisé. Le salut est le plus grand miracle.

5. Le salut est le plus grand miracle, car c'est toujours un grand miracle que la lumière brille dans les ténèbres.

LE PEUPLE QUI MARCHAIT DANS LES TÉNÈBRES VOIT UNE GRANDE LUMIÈRE ; Sur ceux qui habitaient le pays de l'ombre de la mort une lumière resplendit.

Esaïe 9: 2

C'est un grand miracle que la lumière entre dans la vie d'une personne. La lumière est un miracle. Lorsque la lumière luit dans les ténèbres, un grand miracle a eu lieu. Pour que des lumières s'allument dans un pays, il doit y avoir un barrage ou une centrale électrique puissante.

De la haute technologie, des découvertes scientifiques et beaucoup d'argent doivent être déployés pour allumer les lumières dans un pays sombre. C'est pourquoi il y a encore beaucoup de pays qui n'ont pas d'électricité aujourd'hui. Il faut un miracle pour que les lumières s'allument. Si le salut vous est apparu, une lumière a resplendi dans l'obscurité de votre âme. Croyez-moi, Dieu vous a fait miséricorde et a réalisé un grand miracle dans votre vie ! Certes, le salut doit être le plus grand miracle.

6. Le salut est le plus grand miracle parce que c'est un grand miracle que vous alliez au ciel.

Et l'un des vieillards prit la parole et me dit : Ceux qui sont revêtus de robes blanches, qui sont-ils, et D'OÙ SONT-ILS VENUS ? Je lui dis : Mon Seigneur, tu le sais. Et il me dit : Ce sont ceux qui viennent de la grande tribulation ; ils ont lavé leurs robes, et ils les ont blanchies dans le sang de l'agneau.

Apocalypse 7: 13-14

Même dans ce monde il y a des endroits dans lesquels vous n'irez jamais. Allez-vous un jour mettre un pied au Kremlin, à la Maison Blanche ou dans la chambre du Chef de l'État ? C'est peu probable ! Si jamais vous vous promeniez dans le bureau ovale de la Maison Blanche, ce serait un miracle. Mais le Ciel est encore plus grand que le bureau ovale de la Maison Blanche. Ce serait un grand miracle pour vous de marcher sur ces rues pavées d'or.

Si jamais vous avez la chance de marcher dans ces rues dorées, c'est que vous avez vécu un grand miracle. Aujourd'hui, si Dieu vous donne une entrée au Ciel, un grand miracle a eu lieu. Pensez à quel point vous êtes mauvais, à quel point vous êtes rempli de mal et de péchés. Comment quelqu'un d'aussi vil peut-il trouver son chemin vers un endroit comme le Ciel ? Cela doit être un miracle ! Qu'une personne comme vous soit accueillie dans le Ciel relève en effet d'un grand miracle ! C'est pourquoi votre salut est le plus grand miracle sur terre.

7. Le salut est le plus grand miracle parce que c'est un grand miracle pour que vous connaissiez Jésus.

De même, mes frères, vous aussi vous avez été, par le corps de Christ, mis à mort en ce qui concerne la loi, POUR QUE VOUS APPARTENIEZ À UN AUTRE, à celui qui est ressuscité des morts, afin que nous portions des fruits pour Dieu.

Romains 7: 4

Aujourd'hui, Dieu vous donne le grand privilège de s'approcher du Prince de la Paix et du Seigneur des Seigneurs.

Trouver le salut c'est trouver Jésus-Christ. Il y a certaines personnes que vous ne rencontrerez jamais dans votre vie. Ce n'est pas comme si vous alliez rencontrer le président de la Chine ou le premier ministre de l'Angleterre. Rencontrer une de ces personnes serait en effet un grand miracle. L'autre jour, j'ai discuté avec le président d'un certain pays. C'était un grand miracle, car il s'avérait impossible que ce président accepte d'avoir une conversation téléphonique avec moi.

Même sur terre, vous ne penseriez jamais à épouser le prince. Ce serait un miracle que de se marier avec le prince, de vivre avec lui, d'être avec lui, de prendre un bain avec lui et de manger avec lui. Quel incroyable privilège serait-ce même de juste rencontrer le prince !

Rencontrer Jésus-Christ est un miracle encore plus grand. Être marié au Christ est inconcevable. Vous n'auriez jamais pensé être marié au Christ. N'est-ce pas ? Mais la Bible nous enseigne que lorsque nous sommes sauvés nous sommes mariés au Christ.

CHAPITRE 5

Comment le sang de Jésus donne la vie

Car l'âme de la chair est dans le sang…

Lévitique 17:11

1. Le sang a été créé pour transporter la vie.

Jésus leur dit : « En vérité, en vérité, je vous le dis, si vous ne mangez la chair du Fils de l'homme, et si vous ne buvez son sang, vous n'avez point la vie en vous-mêmes. »

Jean 6:53

Le sang est un liquide rouge contenant de l'oxygène, et qui donne la vie à tout ce qu'il touche. Tout comme le sang humain transporte la vie dans chaque partie du corps, le sang de Jésus transporte la vie éternelle partout où il passe. Le sang transporte la vie en transportant l'oxygène qui donne la vie partout, et en éliminant le dioxyde de carbone toxique.

La vie est dans le sang

Un jour, j'ai vu un homme se faire amputer d'une jambe dans la salle d'opération. Jamais je n'avais ressenti une telle dépression en observant l'opération se dérouler. Je ressentis énormément de peine pour l'homme en voyant sa jambe emportée par le personnel hospitalier. Mais une semaine plus tard, j'ai vu l'homme dont la jambe avait été amputée assis sur son lit, souriant et riant avec ses visiteurs. Quelques jours plus tard, je l'ai vu rentrer chez lui, heureux. Il avait encore de la vie en lui parce qu'il avait encore du sang en lui.

Il avait encore de la vie en lui et rentrait chez lui afin de continuer à vivre heureux avec sa famille. Vous voyez, la vie est dans le sang ! La vie n'est pas dans les jambes ou dans les bras ! Si la vie était dans les jambes, il serait mort au moment où on la lui avait coupé. En fait, la vie est dans le sang ! Lorsque le sang d'une personne s'écoule hors de son corps, elle meurt parce que sa vie s'est écoulée hors d'elle.

2. Le sang donne la vie, car il peut atteindre toutes les parties du corps.

Après cela, je regardai, et voici, il y avait une grande foule, que personne ne pouvait compter, DE TOUTE

NATION, DE TOUTE TRIBU, DE TOUT PEUPLE, et de toute langue. Ils se tenaient devant le trône et devant l'agneau, revêtus de robes blanches, et des palmes dans leurs mains ;

... Et l'un des vieillards prit la parole et me dit : Ceux qui sont revêtus de robes blanches, qui sont-ils, et d'où sont-ils venus ? Je lui dis : Mon seigneur, tu le sais. Et il me dit : Ce sont ceux qui viennent de la grande tribulation; ils ont lavé leurs robes, et ILS LES ONT BLANCHIES DANS LE SANG DE L'AGNEAU

Apocalypse 7: 9, 13-14

Tout comme notre sang humain atteint toutes les parties du corps grâce à sa nature fluide, le sang de Jésus-Christ peut atteindre tous les membres du corps du Christ.

Le sang donne la vie, car il unifie le corps entier. Il réunit le reste du corps avec des organes vitaux comme le cœur et les poumons. Tout comme notre sang humain rassemble l'ensemble du corps, tous les membres du corps sont liés les uns aux autres et à la tête grâce au sang qui circule partout. Grace au sang de Jésus, tout le monde peut être relié à la tête, qui est Dieu.

Tout comme le sang atteint toutes les parties du corps, le sang de Jésus est capable d'atteindre toutes les parties du monde. Le sang de Jésus est efficace universellement. Chaque tribu et chaque nation du monde peuvent être atteintes par ce sang. Le sang de Jésus reliera le village le plus reculé du monde au trône de Dieu. L'agneau de Dieu qui enlève les péchés du monde, peu importe quelle partie du monde. Le sang de Jésus est donc la base des relations solides et des liens qui se développent dans le corps du Christ entre des personnes de différents milieux sans lien de parenté apparent.

3. **Le sang porte la vie, car il a la capacité de transporter la nourriture.**

Celui qui mange ma chair et qui BOIT MON SANG A LA VIE ÉTERNELLE ; et je le ressusciterai au dernier jour. Car ma chair est vraiment une nourriture, et mon sang est vraiment un breuvage.

Jean 6:54-55

Le sang est un liquide rouge, contenant de la nourriture dissoute qui donne la vie à tout ce qu'il touche. Tout comme le sang humain apporte de la nourriture à chaque partie du corps, le sang de Jésus-Christ apporte la vie et le bien-être à tous ceux qu'il touche. Dans le sang il y a des molécules de protéines, glucides, lipides, vitamines et minéraux qui donnent la vie. Pas étonnant qu'il y ait la vie dans le sang !

Celui qui mange et boit le sang de Jésus jouira de la vie éternelle !

4. **Le sang donne la vie, car il a la capacité de vous nettoyer régulièrement.**

Mais si nous marchons dans la lumière, comme il est lui-même dans la lumière, nous sommes mutuellement en communion, et le SANG de Jésus son Fils nous PURIFIE de tout péché. Si nous confessons nos péchés, il est fidèle et juste pour nous les pardonner, et pour nous purifier de toute iniquité

1 Jean 1: 7,9

Le sang est un liquide rouge, éliminant le dioxyde de carbone, et qui donne la vie à tout ce qu'il touche. Tout comme le sang humain élimine le dioxyde de carbone indésirable, en le rejetant dans les poumons, le sang de Jésus efface nos péchés et souillures. Le sang de Jésus est un liquide d'élimination des péchés qui coule de la croix du Calvaire vers le monde entier.

5. **Le sang donne la vie, car il a la possibilité de purger et de sanctifier.**

C'EST POUR CELA QUE JÉSUS AUSSI, AFIN DE SANCTIFIER LE PEUPLE PAR SON PROPRE SANG, a souffert hors de la porte. Sortons donc pour aller à lui, hors du camp, en portant son opprobre.

Hébreux 13:11-13

Le sang est un liquide rouge qui élimine les poisons mortels du corps. Le sang humain permet également de retirer les produits chimiques toxiques indésirables tels que l'urée et la rejette dans les reins. Ces poisons mortels sont éliminés par le sang et rejetés dans les reins afin qu'ils sortent dans votre urine.

Tout ce qui sort de votre urine se trouvait à un moment donné dans votre sang. Toute votre urine faisait partie de votre sang à un moment donné. Imaginez à quel point l'odeur de votre sang et de votre corps serait écœurante si vous ne l'éliminiez pas. Le sang donne donc la vie à tout ce qu'il touche en éliminant les poisons mortels. En effet, le sang de Jésus efface les péchés mortels et toxiques de nos vies.

Le sang de Jésus efface les péchés, comportement, et taches toxiques et dangereux de nos vies. Le sang de Jésus vous éloigne de la mort en supprimant les poisons de votre vie. Le sang de Jésus est ce qui vous protège de la mort éternelle et de l'enfer.

6.   Le sang donne la vie car il détruit les maladies.

Et j'entendis dans le ciel une voix forte qui disait : Maintenant le salut est arrivé, et la puissance, et le règne de notre Dieu, et l'autorité de son Christ ; car il a été précipité, l'accusateur de nos frères, celui qui les accusait devant notre Dieu jour et nuit. ILS L'ONT VAINCU À CAUSE DU SANG DE L'AGNEAU et à cause de la parole de leur témoignage, et ils n'ont pas aimé leur vie jusqu'à craindre la mort.

Apocalypse 12:10-11

Le sang est un liquide contenant des cellules rouges, qui combattent les maladies, infections et autres maux capables de tuer le corps. C'est pour cela que le sang donne la vie à tout ce qu'il touche. Nous combattons l'infection par le biais des globules blancs dans le sang. Grace au sang, nous nous battons contre les microbes et autres envahisseurs. Grace au sang de Jésus nous vainquons le diable et autres mauvais esprits envahisseurs.

Le sang est un liquide rouge contenant des cellules spéciales appelées plaquettes qui permettent la guérison des parties du corps blessées. Le sang guérit. Tout comme les plaquettes et autres facteurs de coagulation aident le sang à former des caillots et boucher les plaies, le sang de Jésus permet à nos plaies de guérir. Grace au sang de Jésus, nous sommes pardonnés de nos terribles péchés et recevons l'inspiration de pardonner aux autres et de surmonter l'amertume.

Vous pouvez combattre les maladies physiques et les maladies spirituelles par le sang de Jésus. Les maladies spirituelles comme l'amertume, la jalousie, la haine et l'insécurité peuvent être combattues grâce au sang de Jésus.

CHAPITRE 6

Le salut par le sang

Grâce au sang de Jésus le salut est venu au monde. Les Saintes Écritures révèlent cinq étapes différentes franchies en parcourant le chemin vers le salut grâce au sang de Jésus. Grâce au sang de Jésus le salut est venu au monde. Les Saintes Écritures révèlent cinq étapes différentes franchies en parcourant le chemin vers le salut grâce au sang de Jésus.

1. **La première étape vers le salut est LE PARDON PAR LE SANG.**

   En lui nous avons la rédemption PAR SON SANG, LA RÉMISSION DES PÉCHÉS, selon la richesse de sa grâce, que Dieu a répandue abondamment sur nous par toute espèce de sagesse et d'intelligence.

   Ephésiens 1: 8

   Grâce au sang de Jésus vous recevez le premier pas vers votre salut – le pardon. Le pardon signifie que Dieu a cessé d'être en colère contre vous. Il vous a pardonné et a effacé vos dettes. Vous êtes libéré de votre obligation et Dieu n'a plus de ressentiment envers vous.

Le sang contre le jus d'orange

Une fois, j'ai travaillé avec quelqu'un sur un projet important. C'était un très bon assistant et il travaillait très dur. Un jour, notre église se préparait pour sa grande consécration. Ce monsieur était en charge de la préparation. C'était un moment crucial et très important dans mon ministère. Tout reposait sur son travail.

Un jour, je me suis rendu sur le site de construction de l'église et j'ai vu que ce monsieur n'était pas là. J'ai demandé où il était, parce que je avais insisté plusieurs fois sur le fait qu'il fallait qu'il finisse le travail à temps pour le programme. À ma grande surprise, ce monsieur avait quitté le pays et s'était sauvé en plein milieu de son travail. Je fis face à une crise terrible et j'ai dû organiser plusieurs autres mesures d'urgence pour m'épargner d'un embarras et une honte terrible. J'étais très en colère contre l'homme parce que je m'étais impliqué en travaillant avec lui et lui avais fait une grande confiance. Après le programme, j'ai décidé de ne plus travailler avec lui.

Un jour, j'étais à la maison quand une délégation est arrivée chez moi. Cette délégation était venue au nom de ce monsieur pour plaider en sa faveur, pour que je lui pardonne et accepte qu'il continue de travailler pour moi. J'ai écouté tout ce qu'ils avaient à dire. À la fin de leur discours, ils m'ont remis un panier contenant du jus de pomme et du jus d'orange.

En regardant le panier, j'ai souri parce que je me suis souvenu du sang de Jésus. Ces gens essayaient d'effacer les péchés de cet homme avec le jus d'orange et le jus de pomme. Mais le jus d'orange ne peut pas laver les péchés. Seul le sang de Jésus peut laver les péchés. Je lui pardonnais, et acceptais qu'il revienne, souriant à chaque fois que je buvais leur jus d'orange. Peut-être que c'est ce que Dieu ressent quand il voit le sang de Jésus et doit pardonner nos péchés. Il y a le pardon dans le sang.

2. La deuxième étape vers le salut est LA PURIFICATION PAR LE SANG.

Mais si nous marchons dans la lumière, comme il est lui-même dans la lumière, nous sommes mutuellement en communion, et LE SANG DE JÉSUS SON FILS NOUS PURIFIE de tout péché....

1 Jean 1: 7

Après avoir été pardonné vous avez besoin d'être purifié. Ce processus vous emmène un peu plus loin que le fait le pardon. Vous pouvez être pardonné, mais il reste souvent un relent des maux passés auxquels nous avons participé.

Le voleur armé qui avait besoin de purification

Un jour, un jeune homme était poursuivi par une foule qui le soupçonnait d'être un voleur armé. Malheureusement, il tomba dans une énorme fosse septique aqueuse. Ce jeune homme ne pouvait pas nager dans ce mélange tourbillonnant plein de matières fécales. Il cria au secours et quelqu'un lui tendit une perche. On le tira et il fut sauvé d'une mort ignominieuse. Il se tenait près de la fosse, juste heureux d'être en vie. Après un moment, quelqu'un lui dit : « Vous feriez mieux d'aller prendre un bain. Votre vie a été sauvée, mais vous il vous reste l'odeur ! » Et ainsi, le jeune homme fut emmené au loin pour un grand bain purifiant. Bien qu'il ait été sauvé de la mort, il avait besoin d'une sérieuse purification.

Ainsi est le salut. Bien que vous soyez pardonné de vos péchés, il vous faut être purifié.

3. La troisième étape vers le salut est LA SANCTIFICATION PAR LE SANG.

Le corps des animaux, dont le sang est porté dans le sanctuaire par le souverain sacrificateur pour le péché, sont brûlés hors du camp. C'est pour cela que Jésus aussi, afin de SANCTIFIER LE PEUPLE PAR SON PROPRE SANG, a souffert hors de la porte. Sortons donc pour aller à lui, hors du camp, en portant son opprobre.

Hébreux 13: 11-13

La sanctification vous emmène encore plus loin que le pardon et la purification. Cela signifie qu'on vous a mis à part dans un but religieux sacré. Seul la puissance sanctifiante du sang de Jésus peut autant vous éloigner de votre mauvais état antérieur. C'est le pouvoir qui peut tout à fait transformer un criminel en un prêtre de Dieu ! Ce pouvoir est le pouvoir de sanctification du sang de Jésus.

Pierre se surnommait lui-même « l'élu », selon la sanctification de l'esprit et l'aspersion du sang. « Et qui sont élus selon la prescience de Dieu le Père, par la sanctification de l'Esprit, afin qu'ils deviennent obéissants, et qu'ils participent à l'aspersion du sang de Jésus Christ : que la grâce et la paix vous soient multipliées » (1 Pierre 1: 2). Il avait été élevé du rang de pêcheur au rang de chef de l'Église dans le monde entier. Comment est-ce arrivé ? Cela est arrivé grâce à la puissance sanctifiante du sang de Jésus.

4. La quatrième étape du salut est LA RÉDEMPTION PAR LE SANG.

Et ils chantaient un cantique nouveau, en disant : Tu es digne de prendre le livre, et d'en ouvrir les sceaux ; car tu as été immolé, ET TU AS RACHETÉ POUR DIEU PAR TON SANG des hommes de toute tribu, de toute langue, de tout peuple, et de toute nation ; tu as fait d'eux un royaume et des sacrificateurs pour notre Dieu, et ils régneront sur la terre.

Apocalypse 5: 9-10

En lui nous avons LA RÉDEMPTION PAR SON SANG, la rémission des péchés, selon la richesse de sa grâce.

Ephésiens 1: 7

L'étape suivante dans le processus du salut doit être la rédemption. La rédemption signifie obtenir, gagner, ou acheter à nouveau quelqu'un ou quelque chose. La rédemption signifie racheter un esclave. Christ nous a légalement rachetés du camp d'esclaves du diable. Il a payé pour nous avec Son sang. Quand Dieu est parti faire des achats, il a décidé de vous racheter pour Lui et Il a payé la facture de son sang.

Nous utilisons tous des choses que nous n'avons pas achetées. Vous pouvez louer une voiture au lieu de l'acheter. Vous pouvez louer une robe sans l'acheter. Vous pouvez vivre dans une maison sans l'acheter. Dieu aurait pu se lier à nous sans nous racheter à Lui. Dieu a, cependant, décidé de nous pardonner et de nous racheter du diable ! Il veut avoir une relation permanente avec nous.

Quand Dieu vous rachète du camp d'esclaves du diable, vous lui appartenez définitivement. Votre pardon, votre purification et votre sanctification sont éternels. Vous appartenez à Dieu. Le diable ne peut plus faire valoir des droits sur votre vie. Votre vie a été payée par le sang.

5. **La cinquième étape du salut est LA RÉCONCILIATION PAR LE SANG.**

Car tous ont péché et sont privés de la gloire de Dieu; et ils sont gratuitement justifiés par sa grâce, par le moyen de la rédemption qui est en Jésus Christ. C'est lui que Dieu a destiné, PAR SON SANG, À ÊTRE, POUR CEUX QUI CROIRAIENT VICTIME PROPITIATOIRE, afin de montrer sa justice, parce qu'il avait laissé impunis les péchés commis auparavant, au temps de sa patience, afin, dis-je, de montrer sa justice dans le temps présent, de manière à être juste tout en justifiant celui qui a la foi en Jésus.

Romains 3: 23-26

Une autre grande bénédiction qui nous revient par le sang de Jésus est la réconciliation. La réconciliation définitive avec Dieu arrive parce que vous êtes pardonnés, purifiés, sanctifiés et rachetés. Vous pouvez maintenant profiter d'une relation réconciliée avec Dieu. C'est ce que signifie la propitiation.

La propitiation implique une reconquête de la faveur et la bonne volonté que vous avez perdues avec Dieu. Grace au sang de Jésus vous apaiserez le Père des cieux et restaurerez votre relation avec Lui.

CHAPITRE 7

Les compétences surnaturels du sang

L e sang de Jésus-Christ a un pouvoir surnaturel. Par le sang de Jésus, de grands changements spirituels prennent place dans votre vie. Aucun de ces changements n'est d'origine naturelle. Tout changement qui survient dans votre vie au travers le sang de Jésus est surnaturel. La plupart des gens sont conscients du pouvoir surnaturel du Saint Esprit. Beaucoup de gens parlent du pouvoir surnaturel des anges. Certaines personnes connaissent le pouvoir surnaturel de l'Éternel. Mais peu de gens sont conscients du pouvoir surnaturel du sang de Jésus. En effet, il y a un grand pouvoir surnaturel dans le sang de notre Sauveur.

1. **Le sang de Jésus a un pouvoir surnaturel qui ne périme jamais.**

   Sachant que ce n'est pas par des choses périssables, par de l'argent ou de l'or, que VOUS AVEZ ÉTÉ RACHETÉS de la vaine manière de vivre que vous avez héritée de vos pères, mais PAR LE SANG PRÉCIEUX DE CHRIST, comme d'un agneau sans défaut et sans tache.

   1 Pierre 1: 18-19

Je me souviens d'un frère qui avait désespérément besoin d'une transfusion de sang. Cet homme allait mourir à cause d'un manque de sang. J'ai décidé d'aller chercher le sang moi-même à la banque du sang.

Quand je suis entré dans la banque du sang, j'ai vu du sang dans des paquets éparpillés partout. Il y avait du sang sur la table et il y avait aussi du sang dans le réfrigérateur. J'ai moi-même regardé dans le réfrigérateur et vu plusieurs étagères pleines de sang. Mais il y avait un problème. Ils n'avaient pas de sang compatible avec celui de mon ami. Le sang de mon ami n'était tout simplement pas disponible.

« Désolé, nous n'avons pas le type de sang dont vous avez besoin, » ont-ils dit.

J'ai demandé : « Que voulez-vous dire par là ? Quel type de sang avez-vous là, sur la table ? Il y a des paquets de sang partout. Est-ce du sang animal ? Est-ce du sang de chèvre ou du sang de taureau ? »

« *Nous n'avons pas de sang de chèvre ici !* » S'exclamèrent-ils. « Le sang de chèvre n'est pas compatible avec le sang humain. »

Votre ami a besoin d'un type de sang humain spécial que nous n'avons pas.

Puis j'ai posé des questions au sujet du sang qui se trouvait sur la table. Ils dirent, « *Ce sang est périm*é. On ne peut plus l'utiliser. »

« Que voulez-vous dire par 'périmé' » ? Demandai-je.

« *Il est trop vieux,* » dirent-ils. « Il a perdu son pouvoir. »

« Wow, » me suis-je dit. « Donc le sang de Jésus est vraiment puissant, pour avoir duré plus de deux mille ans sans perdre son pouvoir. »

Ce soir-là, j'ai réalisé à quel point c'était vrai qu'il existait différents types de sang. Il y avait de nombreux types de sang, mais aucun d'entre eux n'était approprié. Cette nuit-là, j'ai réalisé que tout le sang de la banque ne pouvait pas sauver mon ami. Ce n'était tout simplement pas le bon type de sang. C'était soit du sang périmé, soit un mauvais type de sang. Je me mis à téléphoner à d'autres hôpitaux pour voir si je pouvais trouver du sang approprié pour mon ami.

Vous voyez, mon cher frère, le sang des taureaux et des chèvres n'aura jamais le pouvoir de vous sauver de vos péchés. Seul le sang de l'Agneau de Dieu sans péché a le pouvoir d'effacer les péchés.

C'est pourquoi nous chantons sur le sang de Jésus. C'est pourquoi nous chantons : « Il y a une puissance, puissance, une puissance merveilleuse, dans le sang de l'Agneau. »

C'est pourquoi nous chantons aussi que le sang ne perdra jamais son pouvoir. Le sang de Jésus durera éternellement. C'est du sang éternel et il aura toujours le pouvoir de laver les péchés.

2. Le sang a le pouvoir surnaturel de vous sauver de votre châtiment bien mérité.

Nous méritons tous d'être punis pour nos péchés. Personne parmi nous n'est innocent. Personne ne peut dire qu'il ne mérite pas d'aller en enfer. Donc, qu'est-ce qui peut nous délivrer du châtiment que nous méritons ? Seul le sang de Jésus peut nous sauver miraculeusement de notre châtiment bien mérité.

Le meurtrier et son fils

Un jour, j'ai visité une prison de haute sécurité en Afrique. J'avais été choisi pour prêcher aux prisonniers condamnés à mort ce matin-là. Tout le monde dans la section dans laquelle je suis allé était condamné à mort. J'ai été accueilli à la porte sectionnelle de cette prison par un homme qui portait la Bible et qui se présenta comme étant le leader de la communauté chrétienne en prison. Il ressemblait et s'exprimait comme n'importe quel pasteur ordinaire que vous verriez dans une église. Je lui demandai qui il était.

Il a dit, « je suis le chef de la communauté chrétienne des cellules des condamnés. » J'étais étonné qu'une personne spirituelle, portant une Bible se trouve à cet endroit. J'ai pris mon courage à deux mains et lui ai demandé : « Qu'avez-vous fait pour vous retrouver dans cette prison ? »

Il esquissa un sourire timide et me dit, « Oh, meurtre. Tout le monde dans cette section a été reconnu coupable de meurtre ».

Je gardais le silence pendant un moment et me demandais comment une personne si agréable pouvait tuer quelqu'un.

Puis je lui demandais, « Qui avez-vous tué ? »

Il dit, « J'ai tué mon fils. »

« Mon Dieu ! » Pensai-je. « C'est horrible. »

Le chef de la communauté chrétienne m'escorta alors jusqu'à l'endroit de la réunion. La salle était remplie d'hommes à l'air sincère, qui priaient Dieu avec ferveur. Tout à coup, je fus saisi d'un grand désir de les libérer. Je ressentais dans mon cœur qu'ils étaient de bonnes personnes qui s'étaient repenties de leurs erreurs. Je voulais me précipiter vers la porte principale et ordonner que les prisonniers soient libérés. C'est alors que je réalisais que je n'avais pas le pouvoir de libérer ces hommes de leur peine. Peu importe ce que je pensais et peu importe combien d'argent j'avais, je ne pouvais tout simplement pas les faire sortir de prison.

J'ai pensé à quel point il serait difficile d'obtenir une grâce présidentielle pour l'ensemble de la communauté des meurtriers qui avaient assisté à mon service. Ils étaient là à perpétuité, et la plupart d'entre eux allaient passer le reste de leur temps sur terre dans cette prison.

C'est alors que j'ai réalisé le pouvoir du sang de Jésus. Le sang de Jésus a été en mesure de nous libérer de notre châtiment bien mérité qui est une éternité en enfer.

Nous méritons d'être attachés aux chaînes du diable ! Nous méritons de nous noyer dans nos péchés ! Nous étions coupables de toutes les charges ! Nous méritons d'aller en enfer ! Nous méritons de brûler en enfer !

Alors, qu'est-ce qui a le pouvoir de changer notre destin ? Qu'est-ce qui peut nous faire sortir de la prison éternelle ? Seule une chose d'extrêmement puissante pourrait nous mener, vous et moi, vers la délivrance. Après tout, nous sommes clairement coupables et il n'y a aucun doute à ce sujet.

La chose ayant la pouvoir de nous libérer de notre châtiment bien mérité, c'est le sang de Jésus-Christ. Le sang de Jésus est la seule chose ayant ce genre de pouvoir. C'est pour ce la que nous chantons la chanson « Qu'est-ce qui peut laver mes péchés ; Rien d'autre que le sang de Jésus ! Qu'est-ce qui peut me guérir à nouveau ? Rien d'autre que le sang de Jésus ! »

Qu'est-ce qui a le pouvoir de nous sauver de notre misérable vie de prisonnier ? Vraiment, le sang de Jésus est puissant et surnaturel !

3. Le sang de Jésus a le pouvoir surnaturel d'empêcher la mort.

Car l'âme de la chair est dans le sang. Je vous l'ai donné sur l'autel, afin qu'il servît d'expiation pour vos âmes, car c'est par l'âme que le sang fait l'expiation.

Lévitique 17:11

Le sang de Jésus possède en son sein un pouvoir surnaturel pour empêcher la mort. Le sang de Jésus a en son sein une capacité surnaturelle de vous empêcher d'aller en enfer. La vie est dans le sang et donc l'absence de ce sang qui donne la vie entraîne la mort.

La science médicale a découvert que toute partie du corps humain qui est privée de sang meurt. Par exemple, des sections de tissu du cerveau meurent lorsque l'apport sanguin vers cette partie du cerveau est bloqué.

C'est ce que nous appelons un accident vasculaire cérébral. Des parties du monde sont condamnées à mort, quand on empêche le sang de Jésus d'y couler. Des régions entières du monde sont condamnées à mort et à l'enfer parce qu'aucun évangéliste n'a pu y aller. La vie viendra dans les régions qui reçoivent le sang de Jésus.

La jambe qui mourut

Il y a quelques années, je me trouvais dans une salle de consultation de l'hôpital et mon professeur m'appela pour voir un homme dont la jambe était « morte ». La jambe de l'homme était devenue noire et froide, car l'approvisionnement en sang de la jambe avait été coupé dans un accident.

C'était la première fois que je voyais une chose pareille. Je ne savais pas qu'une partie du corps pouvait effectivement mourir et rester attachée au corps. Cet homme courrait le danger de développer une gangrène à la jambe morte, qui se propagerait et le tuerait rapidement. On a dû l'amputer d'une jambe parce que le sang avait cessé d'y couler. Tout comme le sang ne pouvait plus couler dans une partie du corps de l'homme, le sang de Jésus ne peut s'écouler dans certaines parties de notre monde. Il y a des parties du monde qui sont dominées par des religions qui empêchent la prédication de l'Evangile et la lecture de la Bible. Par leurs actions, ils empêchent effectivement le sang de Jésus de s'écouler vers des régions entières du monde.

C'est pour cela que je suis pasteur : pour que le sang de Jésus puisse profiter aux âmes de ce monde ! Je prêche pour que le sang de Jésus et le sacrifice de la croix ne soient pas en vain. Quelle vie auront ceux qui connaissent le sang de Jésus ? Quelle grande délivrance les multitudes auront quand ils connaitront le sang de Jésus-Christ !

4.   **Le sang de Jésus a le pouvoir surnaturel de vous ramener d'entre les morts.**

Que le Dieu de paix, QUI A RAMENÉ D'ENTRE LES MORTS le grand pasteur des brebis, PAR LE SANG

D'UNE ALLIANCE ÉTERNELLE, notre Seigneur Jésus.

Hébreux 13:20

Les Saintes Ecritures nous enseignent que le sang de Jésus est le pouvoir qui a ressuscité Jésus d'entre les morts. Le sang de Jésus a le pouvoir de ressusciter les morts. C'est le seul pouvoir qui pouvait relever Jésus-Christ de la tombe. C'est par ce même pouvoir du sang que vous serez ressuscités d'entre les morts. Vous allez mourir, mais vous ne resterez pas mort grâce au pouvoir du sang de Jésus.

Le sang a le pouvoir de ramener les gens d'entre les morts. Même le sang naturel fait cela. C'est pourquoi il existe des banques du sang. Ces banques stockent du sang afin que le sang puisse être rapidement accessible en cas d'urgence pour ramener les gens à la vie.

La femme qui a été ramenée d'entre les morts

À l'école de médecine, j'ai eu le privilège d'être l'élève d'un célèbre gynécologue. Après une opération, nous nous asseyions autour de lui dans le vestiaire pendant qu'il nous enseignait. Parfois, nous prenions des notes et parfois, nous venions juste écouter ses histoires incroyables.

Un jour, il nous raconta une expérience qu'il avait eu lorsqu'il travaillait dans les zones rurales. Il décrivit une femme qui avait eu une grossesse extra-utérine rompue, faisait une hémorragie interne et était très proche de la mort.

« J'étais désespéré, » dit-il, « et il n'y avait pas de médecin anesthésiste pour endormir cette femme pendant que je l'opérais. Il n'y avait pas de sang à lui transfuser et je savais qu'elle allait mourir. » Mais la vie est dans le sang !

Aux grands maux les grands remèdes ! Parfois, les situations extrêmes doivent être combattues avec des mesures extrêmes ! Il décrivit comment il l'opéra sans anesthésie et « boucha » la source de son saignement à l'abdomen. Elle perdait du sang et elle perdait sa vie.

Après avoir arrêté l'hémorragie, il s'est rendu compte que la majeur partie du sang de la dame s'était répandue dans son abdomen. Cette dame avait tant saigné qu'elle avait désespérément besoin de sang sinon elle allait mourir. La vie est dans le sang ! Vu qu'elle était quasi morte, il décida de lui donner *son propre sang*. Il nous raconta comment il écopa le sang de la femme, le mit dans une bouteille qu'il connecta à la dame. Il lui fit une transfusion de *son propre sang* qu'il avait filtré.

Nous, les étudiants, étions émerveillés quand il décrivit comment la dame revint à la vie alors que son propre sang répénétrait son système circulatoire. Vous voyez, *la vie est dans le sang* ! Alors que le sang de la dame entrait à nouveau dans son corps elle revenait à la vie. Le sang a empêché la mort de cette femme et l'a ramenée d'entre les morts. Le sang de Jésus vous permettra d'éviter la mort éternelle et vous ramènera d'entre les morts.

5. **Le sang de Jésus a la capacité surnaturelle d'ouvrir les portes du ciel.**

Après cela, je regardai, et voici, il y avait UNE GRANDE FOULE, que personne ne pouvait compter, de toute nation, de toute tribu, de tout peuple, et de toute langue. Ils se tenaient devant le trône et devant l'agneau, revêtus de robes blanches, et des palmes dans leurs mains. Et ils criaient d'une voix forte, en disant : Le salut est à notre Dieu qui est assis sur le trône, et à l'agneau...

Et l'un des vieillards prit la parole et me dit : CEUX QUI SONT REVÊTUS DE ROBES BLANCHES ? QUI SONT-ILS, et d'où sont-ils venus ? Je lui dis : Mon seigneur, tu le sais. Et il me dit : CE SONT CEUX qui viennent de la grande tribulation ; ILS ONT LAVÉ LEURS ROBES, et ils les ont blanchies DANS LE SANG DE L'AGNEAU.

Apocalypse 7: 9-10, 13-14

En fait, l'une des merveilles du paradis est la façon dont des gens comme nous peuvent entrer dans un endroit comme le ciel ?

Comment avons-nous échappé à la prison où nous méritions d'aller ? Comment avons-nous échappé à la compagnie de nos congénères meurtriers et fornicateurs ? Comment avons-nous esquivé la peine de mort ? Comment avons-nous évité le verdict de l'enfer ?

Qui parmi les personnes que nous connaissons a fait en sorte que nous aillions au ciel ? Quelle personne importante a fait passer un mot en notre faveur ? Qu'est-ce que des gens comme nous faisons au ciel ? Où sont nos vêtements sales et nos immondes haillons ? Comment se fait-il que nous soyons habillés en blanc ? N'appartenons-nous pas à la communauté des voleurs, des assassins et des méchants ?

Comment se fait-il que nous soyons en train de chanter des hymnes ? Comment des gens qui rejetaient Dieu se retrouvent-ils au ciel ? Sont-ils là pour une visite ? Vont-ils y rester pour toujours ?

Mais l'un des anciens a la réponse à toutes ces questions. Un des anciens explique que les foules ont pu venir au ciel en lavant leurs robes dans le sang de l'agneau.

Une voiture ointe

Un jour, un grand homme de Dieu visita notre pays. Après le programme, des milliers de personnes s'empressèrent vers lui et il fallut déployer un grand service de sécurité afin d'aider le monsieur à rentrer dans la limousine qui l'attendait. Tout le monde voulait avoir un aperçu de l'homme de Dieu ou encore toucher le bord de ses vêtements.

Finalement, cet homme s'en alla avec le chauffeur et l'évêque qui était son hôte. Une autre personne se trouvait assise dans la voiture. Qui était cet homme et comment avait-il eu le droit d'être dans la voiture alors que des milliers de personnes voulaient juste avoir un aperçu de l'homme de Dieu ?

Qui était le quatrième homme dans la voiture ? Il ne s'agissait de personne d'autre que de votre humble serviteur ! Les gens se sont toujours demandés comment j'ai eu droit à une position si privilégiée. Comment suis-je entré dans la voiture ointe ? J'ai vécu un moment inoubliable, ainsi qu'un des moments les plus importants de fraternité et de transfert de l'Esprit. C'était une occasion mémorable pour moi et j'ai reçu une grande onction de l'un des généraux de Dieu seulement deux semaines avant sa mort. Les gens m'ont demandé : « Comment avez-vous eu droit d'aller dans un endroit aussi privilégié et aussi saint ? » C'est mon secret.

Peut-être vaudrait-il mieux demander : « Comment quelqu'un comme vous est-il entré dans une église ? Comment quelqu'un comme vous est-il devenu un ministre de l'Évangile ? Et que fait quelqu'un comme vous dans un lieu saint ? »

La seule explication qui peut être donnée pour expliquer le fait que vous et moi allions dans un endroit comme le ciel est le sang de Jésus. Ce très grand privilège nous est donné par le sang de Jésus ! Un jour, j'espère aller au ciel. Comme tout le monde, on me demandera pourquoi les portes du ciel devraient s'ouvrir à moi. Je n'espère pas entrer au ciel parce que j'étais un pasteur ou parce que j'ai prêché à de grandes foules. J'espère entrer par les portes du paradis pour la même raison que tout le monde - le sang de Jésus ! Nous dépendons du sang de Jésus pour nous ouvrir le ciel.

6. Le sang de Jésus a le pouvoir surnaturel de vaincre le diable

Ils l'ont VAINCU À CAUSE DU SANG DE L'AGNEAU à cause du sang de l'agneau et à cause de la parole de leur témoignage, et ils n'ont pas aimé leur vie jusqu'à craindre la mort.

Apocalypse 12:11

Le sang de Jésus a du pouvoir. Par le sang de Jésus vous serez supérieur au diable et vous le vaincrez ! Par le sang de Jésus vous gagnerez toutes les batailles de la vie et du ministère. Par le sang de Jésus vous ferez face à tous les problèmes démoniaques de ce monde. Il est temps de vaincre et écraser le diable par le sang puissant, précieux et éternel de Jésus.

Nous vivons dans un monde dominé par un mauvais esprit d'orgueil, de rébellion et de méchanceté. Ce mauvais esprit est assisté par des milliers de démons avec le même mauvais caractère. Toutes les luttes de nos vies sont liées à la présence de mauvais esprits dans l'atmosphère. Les atmosphères dans différentes parties du pays et différentes régions du monde sont déterminées par ces mauvais esprits.

Les Saintes Écritures ont de bonnes nouvelles pour nous. Nous pouvons vaincre le diable et ses cohortes. On nous a dit exactement comment vaincre le diable - par le sang de Jésus.

CHAPITRE 8

Comment le sang vous donne accès à Dieu

1. **Le sang de Jésus vous permet d'entrer dans des lieux saints.**

    Et je ne me souviendrai plus jamais de leurs péchés ni de leurs iniquités.

    Or, là où il y a rémission de ces choses, il n'y a plus d'offrande pour le péché.

    Ayant donc, frères, une pleine liberté pour ENTRER DANS LES LIEUX SAINTS PAR LE SANG DE JÉSUS, par le chemin nouveau et vivant qu'il nous a consacré à travers le voile, c'est-à-dire sa chair, et ayant un grand sacrificateur (établi) sur la maison de Dieu.

    Hébreux 10:17-21 (J.N. Darby)

    Les lieux saints sont interdits aux mauvaises personnes. À cause de vos péchés, vous avez été tenus à l'écart des lieux saints toute votre vie. Vous avez toujours été exclus du sanctuaire à cause de votre nature perverse. À présent, par le sang de Jésus, vous pourrez pénétrer les lieux les plus saints et les plus élevées. Par le sang de Jésus, vous pouvez soulever le voile qui vous a gardé loin de lieux saints. Vous avez soulevé le voile qui vous gardait dehors.

Grâce à l'accès donné par le sang de Jésus, vous avez été admis au club saint. Vous faites désormais vraiment partie du saint groupe. Par le sang, vous pouvez maintenant participer et partager des choses saintes. Quel privilège d'y avoir accès par le sang de Jésus !

À partir de maintenant, vous pouvez aller vers le Saint des Saints et vous adresser directement à Dieu. Le mur de la séparation a été démoli par le sang de Jésus !

2.   **Par le sang de Jésus vous devenez courageux en la présence de Dieu.**

Et je ne me souviendrai plus jamais de leurs péchés ni de leurs iniquités.

Or, là où il y a rémission de ces choses, il n'y a plus d'offrande pour le péché.

Ayant donc, frères, UNE PLEINE LIBERTÉ POUR ENTRER DANS LES LIEUX SAINTS PAR LE SANG DE JÉSUS, par le chemin nouveau et vivant qu'il nous a consacré à travers le voile, c'est-à-dire sa chair, et ayant un grand sacrificateur (établi) sur la maison de Dieu,

Approchons-nous avec un cœur vrai, en pleine assurance de foi, (ayant) les cœurs par aspersion purifié d'une mauvaise conscience e t le corps lavé d'eau pure.

Hébreux 10:17-22 (J.N. Darby)

Les méchants ne sont pas courageux quand ils sont en présence de Dieu, ils ne sont pas courageux à cause de leur honte et culpabilité. Ils sont conscients de leur méchanceté et ont des sentiments profonds de culpabilité. Une grande bénédiction qui vient à vous par le sang de Jésus est le courage. Vos péchés sont effacés et leurs traces sont couvertes de ce sang. Une personne qui a honte ne fait pas preuve de courage. Sa honte la rend timide et craintive. Faire preuve de courage, c'est avoir confiance en soi et ne pas avoir honte malgré votre passé coupable. Être courageux grâce au sang de Jésus dévoile un certain courage quant à vos relations avec votre Père céleste. Vous pouvez maintenant mettre de côté votre timidité et vous rapporter hardiment à Dieu. Le sang de Jésus a effacé les traces de votre péché. Vous êtes juste comme un ange en la présence de Dieu grâce au sang de Jésus.

3. **Par le sang de Jésus vous avez la paix surnaturelle.**

Car Dieu a voulu que toute plénitude habitât en lui ; il a voulu par lui réconcilier tout avec lui-même, tant ce qui est sur la terre que ce qui est dans les cieux, EN FAISANT LA PAIX PAR LUI, PAR LE SANG DE SA CROIX.

Et vous, qui étiez autrefois étrangers et ennemis par vos pensées et par vos mauvaises œuvres, il vous a maintenant réconciliés par sa mort dans le corps de sa chair, pour vous faire paraître devant lui saints, irrépréhensibles et sans reproche :

Colossiens 1:19-22

Par le sang de Jésus, Dieu vous a donné la paix. Cette paix signifie que vous entrez dans un état de tranquillité ou de calme. La paix par le sang de Jésus signifie que vous êtes libéré de pensées et d'émotions troublantes ou oppressantes. Par le sang de Jésus, vous gagnez la tranquillité de l'esprit et l'harmonie dans les relations personnelles.

4. **Vous pouvez maintenant sentir la présence de Dieu par le sang de Jésus.**

Souvenez-vous que vous étiez en ce temps-là sans Christ, privés du droit de cité en Israël, étrangers aux alliances de la promesse, sans espérance et sans Dieu dans le monde.

Mais maintenant, en Jésus Christ, vous qui étiez jadis éloignés, VOUS AVEZ ÉTÉ RAPPROCHÉS PAR LE SANG DE CHRIST.

> **Car il est notre paix, lui qui des deux n'en a fait qu'un,
> et qui a renversé le mur de séparation, l'inimitié, ayant
> anéanti par sa chair la loi des ordonnances dans ses
> prescriptions, afin de créer en lui-même avec les deux
> un seul homme nouveau, en établissant la paix, et de les
> réconcilier, l'un et l'autre en un seul corps, avec Dieu
> par la croix, en détruisant par elle l'inimitié.**

Ephésiens 2:12-16

Dieu nous a rapprochés par Son sang. Être rapproché signifie être tiré plus près dune chose. Dans ce cas, vous avez été rapprochés de Dieu grâce au sang.

Se rapprocher de quelqu'un signifie que vous pouvez avancer vers la personne chaque fois que vous le voulez. Grâce au sang de Jésus, vous pouvez avancer grandement vers Dieu. Être rapproché de quelqu'un signifie que la personne se liera à vous. À partir de maintenant Dieu aura beaucoup de rapports avec vous ! Il se liera à vous comme un enfant et un ami.

5.   **Par le sang de Jésus, vous pouvez maintenant faire communion avec Dieu.**

> **La coupe de bénédiction que nous bénissons, n'est-
> elle pas la communion au sang de Christ ? Le pain
> que nous rompons, n'est-il pas LA COMMUNION AU
> CORPS DE CHRIST ? Puisqu'il y a un seul pain, nous
> qui sommes plusieurs, nous formons un seul corps ; car
> nous participons tous à un même pain.**

1 Corinthiens 10:16-17

La communion nous parvient par le sang de Jésus-Christ ! Cela signifie que l'intimité et les relations profondes viennent à nous par le sang de Jésus-Christ. La communion est la relation intime que nous avons avec le Seigneur et les autres frères par le sang de Jésus. C'est quand j'ai trouvé le Christ que j'ai eu des relations intimes profondes avec d'autres chrétiens.

La communion et la confrérie que j'ai trouvé en Christ est l'un des dons les plus précieux dont j'ai joui en étant né de nouveau. Beaucoup de gens dans le monde n'ont pas d'excellentes relations intimes. Les relations mondaines sont généralement basées sur l'argent, le pouvoir ou le sexe. Ces relations mondaines finissent souvent par un désastre. Par le sang de Jésus, nous avons le privilège de jouir d'une relation particulière. Elle s'appelle « la communion par le sang ». Nous sommes liés par le sang de Jésus.

Dans le corps humain, les orteils, les reins, le cœur et le cerveau sont liés par le sang. De la même façon, le sang de Jésus nous unit avec Dieu et avec le reste du corps du Christ. Grâce au sang de Jésus, nous faisons communion avec Dieu et avons une relation avec d'autres membres du corps du Christ. La communion par le sang de Jésus-Christ ! Intimité par le sang de Jésus-Christ ! Fraternité par le sang de Jésus-Christ.

6. **Par le sang de Jésus, nous avons une alliance avec Dieu.**

Celui qui a violé la loi de Moïse meurt sans miséricorde, sur la déposition de deux ou de trois témoins ; de quel pire châtiment pensez-vous que sera jugé digne celui qui aura foulé aux pieds le Fils de Dieu, qui aura tenu pour profane LE SANG DE L'ALLIANCE, par lequel il a été sanctifié, et qui aura outragé l'Esprit de la grâce ?

Hébreux 10: 28-29

Que le Dieu de paix, qui a ramené d'entre les morts le grand pasteur des brebis, par LE SANG D'UNE ALLIANCE ÉTERNELLE, notre Seigneur Jésus.

Hébreux 13:20

Le sang de Jésus est appelé le sang de l'alliance. C'est parce que nous pouvons maintenant avoir une alliance avec Dieu. Imaginez un peu ! Un accord et une alliance véritables entre un misérable pécheur et Dieu Tout-Puissant. C'est l'avantage spécial que vous et moi avons maintenant. Il y a maintenant un contrat divin et un accord solennel qui vous lie à jamais à Dieu et au Ciel.

Ce merveilleux privilège d'avoir une alliance avec Dieu a mis Lucifer très en colère. Il n'arrive pas à croire que nous allons avoir une telle relation avec l'Éternel. Nous devons valoriser le privilège que Dieu nous a donné de pouvoir venir si près de lui et d'avoir accès à lui.

CHAPITRE 9

Le sang vous permet d'éviter l'enfer et d'entrer au Ciel

Dans le livre de l'Apocalypse, nous voyons une grande foule dans le ciel. Cette grande foule qui était en train d'apprécier les vues et les sons du Ciel étonna l'apôtre Jean. Il demanda à l'ange qui l'accompagnait d'où venaient ces gens. « Comment sont-ils arrivés là ? » demanda-t-il. La réponse était simple : « Ils sont venus ici grâce au sang de Jésus. »

En effet, l'une des merveilles du Ciel est que des gens comme nous peuvent entrer dans un endroit tel que le Ciel !

Comment avons-nous échappé à la prison dans laquelle nous méritions d'aller ?

Comment avons-nous évité la compagnie de meurtriers et de fornicateurs comme nous-mêmes ?

Comment nous sommes-nous détournés du chemin vers la peine de mort ?

Comment avons-nous évité le verdict de l'enfer ?

Qui est celui qui s'est arrangé pour nous faire venir au Ciel ?

Quelle personne importante a parlé en notre faveur ?

Que font des gens tels que nous au Ciel ?

Où sont nos vêtements sales et nos immondes haillons ?

Comment se fait-il que nous soyons habillés en blanc ?

Ceci n'est-il pas une confrérie de voleurs, d'assassins et de méchants ?

Comment se fait-il qu'ils chantent des hymnes ?

Comment des gens qui n'allaient guère à l'église sont-ils parvenus au ciel ?

Sont-ils ici en visite ?

Vont-ils rester pour toujours ?

> **Après cela, je regardai, et voici, il y avait UNE GRANDE FOULE, que personne ne pouvait compter, de toute nation, de toute tribu, de tout peuple, et de toute langue.**
>
> **Ils se tenaient devant le trône et devant l'agneau, REVÊTUS DE ROBES BLANCHES, et des palmes dans leurs mains. Et ils criaient d'une voix forte, en disant : Le salut est à notre Dieu qui est assis sur le trône, et à l'agneau.**
>
> **Et tous les anges se tenaient autour du trône et des vieillards et des quatre êtres vivants ; et ils se prosternèrent sur leur face devant le trône, et ils adorèrent Dieu, en disant :**
>
> **Amen ! La louange, la gloire, la sagesse, l'action de grâces, l'honneur, la puissance, et la force, soient à notre Dieu, aux siècles des siècles ! Amen ! Et l'un des vieillards prit la parole et me dit : Ceux qui sont revêtus de robes blanches, qui sont-ils, et D'OÙ SONT-ILS VENUS ?**

Je lui dis : Mon seigneur, tu le sais. Et il me dit : Ce sont ceux qui viennent de la grande tribulation ; ils ont lavé leurs robes, et ils les ont blanchies dans le sang de l'agneau.

Apocalypse 7: 9-14

Les âmes de ce monde vont chanter les louanges de Dieu pour l'éternité à cause de leur salut. De nos jours, on prêche à peine le salut dans les églises. Pourtant, le salut sera le cadeau le plus précieux à propos duquel les chrétiens chanteront s'ils arrivent jusqu'au Ciel. Attendez et observez l'importance qu'auront le salut et le sang de Jésus quand nous sortirons de ce monde. Dieu nous a bénis avec le salut par le sang de Jésus.

Je suis un pasteur pour rendre le sang de Jésus disponibles pour toutes les âmes de ce monde ! Je prêche pour que le sang de Jésus et le sacrifice de la croix ne soient pas en vain. Nous devons chanter tant de louanges pour ce grand don du salut que nous avons reçu grâce au sang de Jésus !

Made in the USA
Monee, IL
18 January 2022

89218745R00031